HINDI MADE EASY
Book 2

सरल हिन्दी
भाग दूसरा

By
Dr. J.S. Nagra M.A., M.Ed., Ph.D.
Inspector of Schools (Retd.)

AND

S.K. Nagra B.A. B.Ed.

Published by : **Nagra Publications**
399, Ansty Road, Coventry CV2 3BQ, UK
Tel & Fax : 02476 617314
E-mail : js.nagra@ntlworld.com
Website : www.nagrapublications.co.uk

All rights reserved with the authors. No part of this publication may be reproduced, stored in a retrieval system, transmitted, in any form or by any means, electrical, mechanical, photocopying, recorded or otherwise, without the prior permission of the copyright owners.

1st Edition : May 1992
Reprinted : July 2010.

ISBN 978 1 870383 07 3

This book is also available from :

1. THE SIKH MISSIONARY SOCIETY UK
   10 Featherstone Road, Southall, Middlesex
   UB2 5AA, Tel: 0208 574 1902.
2. DTF ASIAN PUBLISHERS AND DISTRIBUTORS
   117 Soho Road, Handsworth, Birmingham,
   B21 9ST, Tel: 0121 515 1183.
3. GARDNERS BOOKS LTD
   1 Whittle Drive, Willingdon Drove, Eastbourne, East Sussex,
   BN 23 6 QH, Tel: 01323521555
4. GURMAT PARCHAR
   21 Brook Road, Northfleet, Gravesend, Kent,
   DA11 8RQ, Tel: 01474 326428
5. JAYSONS
   267 Soho Road, Handsworth, Birmingham,
   B21 9SA, Tel 0121 5543384

INTRODUCTION

This book is the second one in the Hindi Made Easy series. Non-Hindi speakers will find that as they progress through the book the vocabulary and sentence structure become more complex. They will, therefore, find this book and the others in the series extremely useful in gaining a grasp of the Hindi language.

Questions at the end of each lesson are designed for the learners to monitor their own progress. Ample Hindi Vocabulary with English translation is provided at the end of the book.

This series will also prove useful for the Breakthrough and Preliminary stages of the Languages Ladder in Hindi. We are very pleased to reproduce this book.

S.K. Nagra   **J.S. Nagra**

Introduction

This book is the second one in the Hindi Made Easy series. It is designed for those students who are preparing for the G.C.S.E. examination in Hindi. Many topics for the G.C.S.E. syllabus have been included in this book.

Non Hindi speakers will find that as they progress through the book the vocabulary and sentence structure become more complex. They will therefore find this book, and the others in the series, extremely useful in gaining a grasp of the Hindi language.

Questions at the end of each lesson are designed for the learners to monitor their own progress. Ample Hindi vocabulary with English translation is provided at the end of the book.

S.K. Nagra
Author

J.S. Nagra
Author.

विषय सूची

Contents

नं०	पाठ	पन्ना
No.	Lesson	Page
1	आशा Asha	7
2	अशोक Ashok	9
3	मनोज और संगीता के बीच बातचीत A dialogue between Manoj and Sangeeta	13
4	जसपाल और मनजीत के बीच बातचीत A dialogue between Jaspal and Manjit	15
5	चरणजीत का परिवार Charanjit's family	21
6	गुरप्रीत का घर Gurpreet's house	25
7	संगीता का स्कूल Sangeeta's school	29
8	नीरजा का कुत्ता Neeraj's dog	33
9	देवेन्द्र पार्क में Devinder in the Park	35
10	विनोद और प्रमोद ब्लैकपूल गये Vinod and Parmod went to Blackpool	39
11	सप्ताह के दिन Days of the week	43
12	एक से लेकर सौ तक गिणती Numbers from one to hundred	47

1 आशा

आशा एक लड़की है ।
आशा का बीच का नाम "रानी" है ।
उसका खानदानी नाम शर्मा है ।
उसका पूरा नाम आशा रानी शर्मा है ।
आशा की आयु छः वर्ष की है ।
आशा कावैंट्री में पैदा हुई थी ।
वह अपने माता पिता के साथ कावैंट्री में रहती है ।
उसके घर का पूरा पता 220 डेन रोड, स्टोक कावैन्ट्री है ।
उसके घर का टैलीफोन न० 0203 5198342 है ।
आशा का धर्म हिन्दू है ।

अभ्यास (Exercise)

1 निम्नलिखित प्रश्नों के उत्तर हिन्दी में लिखो :—
Answer the following questions in Hind

(i) आशा का पूरा नाम क्या है ?
(ii) आशा की आयु कितने वर्ष की है ?
(iii) वह कहाँ पैदा हुई थी ?
(iv) वह कहाँ रहती है ?
(v) आशा का पूरा पत्ता क्या है ?
(vi) आशा के घर का टैलीफोन न० क्या है ?

2 खाली स्थान भरो :—
   Fill in the blank spaces :
   (i) आशा एक..........है ।
   (ii) उसका बीच का नाम..........है ।
   (iii) उसका खानदानी नाम..........है ।
   (iv) आशा का धर्म..........है ।
   (v) आशा..........में पैदा हुई थी ।

3 आशा की तरह आप अपने बारे कोई दस बातें लिखें । अपनी तस्वीर बनाओ और रंग भरो ।
   Like Asha write ten sentences about yourself. Draw yourself and colour it.

4 Answer the following questions in English :
   What is Asha's full name?
   (i) How old is she?
   (ii) Where was she born?
   (iii) Where does she live?
   (iv) What is her full address?
   (v) What is her telephone number?

2 अशोक

अशोक एक लड़का है। उस का बीच का नाम कुमार है। उस का खानदानी नाम महत्ता है। उस का पूरा नाम अशोक कुमार महत्ता है।

अशोक का जन्म दिवस 10 अप्रैल, का है। उसकी जन्मतिथि 10 अप्रैल, 1979 है। वह लंडन में पैदा हुआ था।

अशोक की तीन बहिनें हैं । उनके नाम बिमला, ऊषा और रेनू हैं । अशोक बिमला और ऊषा से छोटा तथा रेनू से बड़ा है ।

वह स्टोक जूनियर स्कूल कावैन्ट्री में पढ़ता है । वह हाकी खेलना बहुत पसन्द करता है । वह अपने स्कूल की हाकी की टीम का कैप्टन है ।

वह एक चतुर तथा बहुत परिश्रमी बालक है । स्कूल के सभी अध्यापक उसको प्यार करते हैं । स्कूल में वह किसी से लड़ाई नहीं करता ।

अभ्यास (Exercise)

1 निम्नलिखित प्रश्नों के उत्तर हिन्दी में लिखो :–
   Answer the following questions in Hindi :—

   (i) अशोक का बीच का नाम क्या है ?
   (ii) उस का पूरा नाम क्या है ?
   (iii) उसकी तीन बहनों के नाम लिखो ?
   (iv) अशोक की जन्मतिथि क्या है ?
   (v) अशोक की सब से छोटी बहिन का क्या नाम है ?
   (vi) वह कौन सा खेल खेलना पसन्द करता है ?
   (vii) उसके स्कूल का क्या नाम है ?

2 खाली स्थान भरो :—
   Fill in the blank spaces :—
   (i) उस का नाम..........है ।
   (ii) अशोक, बिमला तथा ऊषा से..........तथा रेनू से..........है ।
   (iii) वह अपने स्कूल की..........की टीम का..........है ।
   (iv) वह एक बहुत..........तथा परिश्रमी..........है ।
   (v) स्कूल के सारे..........उससे..........करते हैं ।

3. अशोक की तरह आप भी अपने बारे कोई दस बातें लिखो । अपनी तस्वीर बनाओ और रंग भरो ।
   Like Ashok write ten sentences about yourself. Draw yourself and colour it.

4 Answer the following questions in English :
   (i) What is Ashok's middle name?
   (ii) What is his full name?
   (iii) Write down the names of his sisters.
   (iv) What is Ashok's date of birth?
   (v) What is Ashok's younger sister's name?
   (vi) What game does Ashok like to play?
   (vii) What is the name of his school?

3 मनोज और संगीता के बीच बातचीत

मनोज : नमस्ते।
संगीता : नमस्ते।
मनोज : आप का क्या नाम है?
संगीता : मेरा नाम संगीता है। आप का क्या नाम है?
मनोज : मुझे मनोज कहते हैं।
संगीता : आप कहाँ रहते हो?
मनोज : मैं कावैन्ट्री रहता हूँ। आप कहाँ रहते हो?
संगीता : मैं भी कावैन्ट्री में रहती हूँ।
मनोज : आप कहाँ पैदा हुए थे?
संगीता : मैं कावैन्ट्री में पैदा हुई थी। आप कहाँ पैदा हुए थे?
मनोज : मैं लंडन में पैदा हुआ था।

अभ्यास (Exercise)

1 निम्नलिखित प्रश्नों के उत्तर हिन्दी में लिखो:–
Answer the following questions in Hindi:—

(i) मनोज कहाँ रहता है?
(ii) संगीता कहाँ रहती है?
(iii) मनोज कहाँ पैदा हुआ था?
(iv) संगीता कहाँ पैदा हुई थी?

2 निम्नलिखित शब्दों में से ठीक शब्द चुन कर रिक्त स्थान भरो :—

Choose the correct words from the following list to fill the blank spaces :—

कहते, नाम, संगीता, पैदा, लंडन

(i) मेरा नाम..........है ।
(ii) मुझे मनोज..........हैं ।
(iii) आप कहाँ..........हुए थे ।
(iv) आपका..........क्या है ।
(v) मैं..........में पैदा हुआ था ।

3 Answer the following questions in English :
(i) Where does Manoj live?
(ii) Where does Sangeeta live?
(iii) Where was Manoj born?
(iv) Where was Sangeeta born?

4 जसपाल तथा मनजीत के बीच बातचीत

जसपाल : आप की घड़ी में क्या समय है?
मनजीत : प्रातःकाल के आठ बजे हैं।
जसपाल : आप कितने बजे स्कूल जाते हो?
मनजीत : मैं प्रातःकाल सवा आठ बजे स्कूल जाती हूँ। आप कितने बजे जाते हो?
जसपाल : मैं भी सवा आठ बजे जाता हूँ। आप नाशता (ब्रेकफास्ट) कितने बजे करते हो?
मनजीत : मैं नाशता पौने आठ बजे करती हूँ। आप कितने बजे नाशता करते हो?
जसपाल : मैं नाशता आठ बजे करता हूँ। आप प्रातःकाल कब सो कर उठते हो?
मनजीत : मैं प्रातःकाल सात बजे सो कर उठती हूँ। आप कितने बजे उठते हो?
जसपाल : मैं साढ़े सात बजे उठता हूँ।
मनजीत : आप का स्कूल कब लगता है?
जसपाल : मेरा स्कूल पौने नौ बजे लगता है। आप का स्कूल कब लगता है?
मनजीत : हमारा स्कूल तो आठ-चालीस (आठ बज कर चालीस मिनट) पर लगता है।

SCHOOL

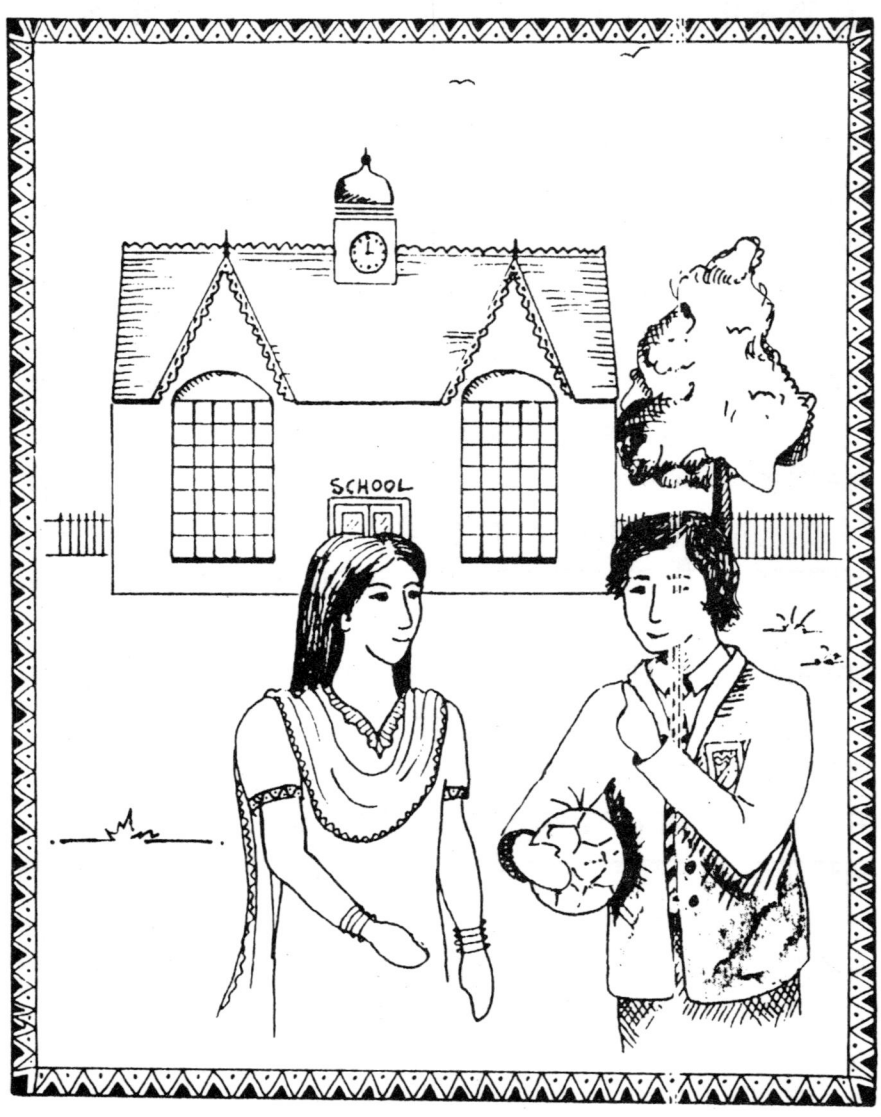

जसपाल : घर से स्कूल जाने में आप को कितना समय लगता है ?

मनजीत : केवल दस मिनट । आप को अपने स्कूल में जाने के लिए कितना समय लगता है ?

जसपाल : हमारा स्कूल तो घर से बहुत दूरी पर है । इसलिए मुझे बस में जाना पड़ता है । मुझे घर से स्कूल तक पहुँचने में आधा घण्टा लग जाता है ।

अभ्यास (Exercise)

1 निम्नलिखित प्रश्नों के उत्तर हिन्दी में लिखिए :—
Answer the following questions in Hindi :—

(i) मनजीत कितने बजे स्कूल जाती है ?
(ii) जसपाल कितने बजे स्कूल जाता है ?
(iii) जसपाल प्रातःकाल कितने बजे सो कर उठता है ?
(iv) मनजीत का स्कूल कब लगता है ?
(v) जसपाल का स्कूल कब लगता है ?
(vi) मनजीत को घर से स्कूल जाने में कितना समय लगता है ?
(vii) जसपाल को स्कूल बस में क्यों जाना पड़ता है ?
(viii) जसपाल को स्कूल पहुँचने में कितना समय लगता है ?

2 निम्नलिखित प्रश्नों के उत्तर (आप अपने बारे में) हिन्दी में लिखिए :—

Answer the following questions about yourself in Hindi :—

   (i) आप कितने बजे सो कर उठते हो ?
   (ii) आप कितने बजे अपना नाशता करते हो ?
   (iii) आप कितने बजे स्कूल जाते हो ?
   (iv) आप का स्कूल कब लगता है ?
   (v) आप को अपने घर से स्कूल पहुँचने में कितना समय लगता है ?

3 रिक्त स्थान की पूर्ति कीजिए :—

Fill in the blank spaces :—

   (i) आप कितने बजे..........जाते हो ?
   (ii) मैं..........पौने आठ बजे खाती हूँ ।
   (iii) आप..........को सो कर कब..........हो ?
   (iv) आप का..........कब लगता है ?
   (v) हमारा स्कूल..........से बहुत दूर है ।
   (vi) मुझे घर से स्कूल तक..........में आधा..........लग जाता है ।

4 Answer the following questions in English :—
   (i) When does Manjit go to school?
   (ii) When does Jaspal go to school?
   (iii) When does Jaspal get up in the morning?
   (iv) When does Manjit's school start?
   (v) When does Jaspal's school start?
   (vi) How much time does it take for Manjit to reach school from home?
   (vii) Why has Jaspal to go to school by bus?
   (viii) How much time does it take for Jaspal to reach school from home?

5 चरणजीत का परिवार

चरणजीत एक लड़की है । उसका एक भाई है । उसका नाम राबिन्द्र है । उसकी एक बहन है । उसका नाम हरदीप है ।

राबिन्द्र और हरदीप चरणजीत से बड़े हैं । राबिन्द्र, हरदीप और चरणजीत सटोक यूनियर स्कूल में पढ़ते हैं ।

चरणजीत की माता का नाम सुरेन्द्र कौर है । उसके पिता जी का नाम मनमोहन सिंह है । उसके माता और पिता जी एक फैक्ट्री में काम करते हैं । वह चरणजीत से बहुत प्यार करते हैं । चरणजीत भी अपने माता-पिता से बहुत प्यार करती है ।

चरणजीत की दादी जी उनके साथ रहती हैं । चरणजीत की दादी जी सब बच्चों से बहुत प्यार करती हैं । उसके दादाजी का पिछले साल देहांत हो गया था ।

चरणजीत के दो चाचे दो चाचियाँ, दो ताऊ, दो ताईयाँ तथा एक भुआ है । उसका एक चाचा, एक चाची, एक ताऊ, एक ताई और उनके बच्चे पंजाब में रहते हैं । उसके भुआ जी तथा फूफा जी भी पंजाब में ही रहते हैं ।

अभ्यास (Exercise)

1. निम्नलिखित प्रश्नों के उत्तर हिन्दी में लिखिए :—
   Answer the following questions in Hindi :—
   - (i) चरणजीत के कितने भाई हैं ?
   - (ii) चरणजीत की बहिन का क्या नाम है ?
   - (iii) सबमें से छोटा कौन है ?
   - (iv) चरणजीत के स्कूल का क्या नाम है ?
   - (v) चरणजीत के माता-पिता कहाँ काम करते हैं ?
   - (vi) उसके पिता जी तथा माता जी का नाम लिखो ।
   - (vii) चरणजीत की दादी जी कहाँ रहते हैं ?
   - (viii) उसके कितने चाचे और चाचियाँ हैं ?
   - (ix) चरणजीत के भुआ जी कहाँ रहते हैं ?

2. Write the meanings of the following words in English :—

लड़की	बहुत
भाई	प्यार करना
बहिन	दादी
दोनों	रहते हैं
बड़े	दादा
पढ़ते हैं	बच्चे
माता	चाचा
पिता	ताऊ
काम-करना	भुआ
मृत्यु	फूफा

3. Answer the following questions in English :—
   (i) How many brothers does Charnjit have?
   (ii) What is Charnjit sister's name?
   (iii) Who is the youngest of them?
   (iv) What is the name of Charnjit's school?
   (v) Where do Charnjit's parents work?
   (vi) Write down her mother's and father's name?
   (vii) Where does Charnjit's grand mother live?
   (viii) How many aunts and uncles does she have?

4. निम्नलिखित शब्दों का अपने वाक्यों में प्रयोग करो :—
   Use the following words in your own sentences :—

   लड़की, भाई, बहिन, चाची, ताऊ, स्कूल, भुआ, बच्चे, प्यार, दादी ।

5. अपने परिवार के प्रत्येक सदस्य का चित्र बनाओ और प्रत्येक का नाम हिन्दी तथा अंग्रेज़ी में उसके चित्र के नीचे लिखिए ।
   Draw each member of your family and write his/her name in Hindi and English under the picture.

6. अपने माता जी तथा पिता जी के बारे में कुछ वाक्य हिन्दी तथा अंग्रेज़ी में लिखिए ।
   Write a few sentences about your mother and father in Hindi and English.

6 गुरप्रीत का घर

यह गुरप्रीत का घर है। गुरप्रीत के घर का न० 35 है। गुरप्रीत का घर पार्क लेन में है। गुरप्रीत का घर लीडज़ शहर में है।

गुरप्रीत के घर की दो मंज़िलें हैं। ऊपर की मंज़िल में तीन कमरे हैं। स्नानघर और शावर भी ऊपर की मंज़िल पर ही हैं। नीचे एक बड़ा कमरा है। नीचे ही एक रसोई, एक खाने का कमरा, एक पढ़ने का कमरा और एक टॉलिट है। खाने का कमरा रसोई के निकट है।

बड़े कमरे में एक सौफ़ा सैट, एक मेज़, एक बड़ी अल्मारी तथा एक टेलिवीज़न है। खाने के कमरे में एक मेज़ और छः कुर्सियां हैं। सभी कमरों में हरे रंग की कार्पिट है। दीवारों पर कुछ चित्र हैं। सोने वाले कमरों में एक एक चारपाई और कई और चीज़ें हैं। टेलीफोन सीढ़ियों के पास है।

गुरप्रीत के घर के पास एक बड़ी गैरिज है। गैरिज में गुरप्रीत के पिता जी कार खड़ी करते हैं। घर के सामने एक छोटा बागीचा है पर पिछला बागीचा बहुत बड़ा है। दोनों बागीचों में हरी घास तथा फूलों के पौधे हैं।

रसोई में फ्रिज़, कुक्कर, कपड़े धोने की मशीन, बर्तन धोने की मशीन तथा और कई चीज़ें हैं। रसोई में भी कार्पिट बिछी हुई है।

गुरप्रीत का घर शहर के केन्द्र से अधिक दूर नहीं है। यह चर्च के पास है। यह नया घर है।

अभ्यास (Exercise)

1 निम्नलिखित प्रश्नों के उत्तर हिन्दी में लिखो :—
   Answer the following questions in Hindi :—

   (i) गुरप्रीत के घर का पूरा पता लिखो।
   (ii) गुरप्रीत के घर की कितनी मंज़िलें हैं?
   (iii) ऊपर की मंज़िल के कितने कमरे हैं?
   (iv) स्नानघर और शावर कहाँ हैं?
   (v) नीचे की मंज़िलों पर क्या है?
   (vi) हाल कमरे में क्या है?
   (vii) कार्पिट का क्या रंग है?
   (viii) टेलिफोन कहाँ है?
   (ix) बागीचों में क्या है?
   (x) रसोई में क्या है?

2 रिक्त स्थानों को भरिए :—
   Fill in the blank spaces :—
   (i) गुरप्रीत का..........पार्क लेन में है ।
   (ii) ऊपर की मंज़िल में तीन..........हैं ।
   (iii) खाने का कमरा..........के पास है ।
   (iv) दीवारों पर कुछ..........हैं ।
   (v) ....सीढ़ियों के पास है ।

3 Write the meanings of the following words in English.

शहर   दो
मंज़िल   ऊपर की
नीचे   स्नान घर
रसोई   चारपाई
सीढ़ियाँ   घास

4 Answer the following questions in English :
   (i) Write down the full address of Gurpreet's house.
   (ii) How many storeys has Gurpreet's house?
   (iii) How many rooms are there on the top floor?

(iv) Where is the bath room and shower?
(v) What is on the ground floor?
(vi) What is in the big room?
(vii) What is the colour of the carpet?
(viii) Where is the telephone?
(ix) What is in the garden?
(x) What is in the kitchen?

5 अपने घर का चित्र बनाओ और उसमें रंग भरो ।
   Draw a picture of your house and colour it?

6 अपने घर के बारे में दस वाक्य हिन्दी में लिखिए ।
   Use Hindi to write ten sentences describing your house.

7 अपने सोने के कमरे की तस्वीर बनाओ और रंग भरो ।
   Draw a picture of your bed room and colour it.

8 अपने सोने के कमरे के बारे में दस वाक्य हिन्दी में लिखिए ।
   Use Hindi to write ten sentences describing your bed room.

7 संगीता का स्कूल

संगीता सटोक जूनियर स्कूल में पढ़ती है । यह स्कूल ब्रिटेन रोड पर है और संगीता के घर के पास है । संगीता स्कूल पैदल जाती है ।

इस स्कूल की बिल्डिग (भवन) बहुत सुन्दर है । इस के कमरे बड़े-बड़े हैं । सभी कमरों में सैंट्रल हीटिंग लगी हुई है । एक बड़ा हाल कमरा है । हाल कमरे में स्कूल के सभी बच्चे असैम्बली के लिए इकट्ठे होते हैं ।

संगीता के स्कूल में एक लाईब्रेरी है । लाईब्रेरी में भिन्न-भिन्न प्रकार की पुस्तकें हैं । बच्चे लाईब्रेरी से पुस्तकें लेकर पढ़ते हैं ।

बच्चों के खेलने के लिए दो खेल के मैदान हैं । बच्चे खेल के मैदानों में खेलना बहुत पसन्द करते हैं ।

संगीता के स्कूल में पन्द्रह अध्यापक हैं । संगीता के अध्यापक का नाम मिस्टर संधू है ।

अभ्यास (Exercise)

1 निम्नलिखित प्रश्नों के उत्तर हिन्दी में लिखिए :–
Answer the following questions in Hindi:—

(i) संगीता के स्कूल का क्या नाम है ?
(ii) संगीता का स्कूल कहाँ है ?
(iii) स्कूल के बच्चे असैम्बली के लिए कहाँ इकट्ठे होते हैं ?
(iv) स्कूल में कितने खेलने के मैदान हैं ?
(v) स्कूल में कितने अध्यापक हैं ?
(vi) संगीता के अध्यापक का क्या नाम है ?

2 रिक्त स्थान भरिए :–
Fill in the blank spaces :

(i) संगीता स्कूल को........... जाती है ।

(ii) स्कूल की..........बहुत सुन्दर है ।
(iii) सभी कमरों में..........लगी हुई है ।
(iv) लाईब्रेरी में भिन्न प्रकार की..........हैं ।
(v) बच्चे..........के मैदानों में खेलना बहुत..........करते हैं ।

3 आप अपने स्कूल का चित्र बनाओ तथा इस में रंग भरो :—
Draw a picture of your school and colour it :—

4 अपने स्कूल के बारे में कोई दस वाक्य हिन्दी में लिखिए :—
Write ten sentences in Hindi about your school :

5 Answer the following questions in English :
   (i) What is the name of Sangeeta's school?
   (ii) Where is Sangeeta's school?
   (iii) Where do the children meet for morning assembly?
   (iv) How many play-grounds does the school have?
   (v) How many teachers are there in Sangeeta's school?
   (vi) What is the name of Sangeeta's teacher?

8 नीरजा का कुत्ता

यह कुत्ते का चित्र है। यह कुत्ता नीरजा का है। इसका नाम पीटर है। उसका रंग काला है। इसकी चार टांगें, दो आँखें, दो कान तथा एक पूंछ है।

नीरजा पीटर से बहुत प्यार करती है। वह पीटर को प्रति दिन प्रातःकाल तथा सायंकाल को बाहर सैर के लिए ले जाती है। पीटर का एक छोटा सा लकड़ी का कमरा है। पीटर अपने कमरे में सोता है। नीरजा पीटर के कमरे को प्रतिदिन साफ करती है।

पीटर नीरजा के घर की रखवाली करता है। जब भी कोई दूसरा व्यक्ति नीरजा के घर आता है तब पीटर भौंकना शुरू कर देता है। किसी चोर को घर में नहीं आने देता।

नीरजा पीटर को कई प्रकार का भोजन खाने के लिए देती है। परन्तु पीटर मीट खाना सबसे अधिक पसन्द करता है।

अभ्यास (Exercise)

1 निम्नलिखित प्रश्नों के उत्तर हिन्दी में लिखिए :—
Answer the following questions in Hindi :—

(i) नीरजा के कुत्ते का क्या नाम है?
(ii) उसका रंग क्या है?
(iii) नीरजा पीटर को प्रातःकाल और सायंकाल को कहाँ ले जाती है?

(iv) पीटर कहाँ सोता है ?
(v) पीटर के कमरे को कौन साफ करता है ?
(vi) पीटर किस को घर नहीं आने देता ?
(vii) पीटर सबसे अधिक क्या खाना पसंद करता है ?

2. पीटर का चित्र बनाओ और इसके बारे में कोई पांच बातें अपनी कापी में लिखो ।

3. रिक्त स्थान भरिए :—
Fill in the blank spaces :
   (i) पीटर का रंग..........है ।
   (ii) पीटर का एक छोटा सा लकड़ी का..........है ।
   (iii) पीटर नीरजा के..........की रखवाली करता है ।
   (iv) नीरजा पीटर के कमरे को प्रतिदिन..........करती है ।
   (v) पीटर..........खाना सबसे अधिक पसन्द करता है ।

4. Answer the following questions in English :—
   (i) What is the name of Neerja's dog?
   (ii) What is its colour?
   (iii) Where does Neerja take Peter in the morning and in the evening?
   (iv) Where does Peter sleep?
   (v) Who cleans Peter's room?
   (vi) Who doesn't Peter let come home?
   (vii) What does Peter like to eat most?

9 देवेन्द्र पार्क में

देवेन्द्र के घर के पास एक पार्क है । पार्क में बच्चों के खेलने के लिए कई प्रकार के झूले हैं । बच्चे झूलों में झूल कर बहुत खुश होते हैं । देवेन्द्र भी झूल कर बहुत खुश होता है ।

गर्मियों की छुट्टियों में पार्क में बहुत लोग जाते हैं। माता-पिता अपने बच्चों को पार्क में लेकर आते हैं। माता-पिता आपस में बाते करते हैं। बच्चे झूले झूलते हैं। कुछ बच्चे फुटबाल और क्रिकेट खेलते हैं।

कुछ लोग पार्क में खाने पीने की वस्तुएँ साथ ले जाते हैं और पार्क में हरी घास पर बैठ कर पिकनिक मनाते हैं।

बहुत से वृद्ध लोग भी गर्मियों में पार्क में जाना बहुत पसन्द करते हैं। वे अपने साथियों से बातें करके बहुत प्रसन्न होते हैं। कुछ लोग ताश खेलते हैं और शेष घास पर लेट कर प्रसन्न होते हैं।

अभ्यास (Exercise)

1 निम्नलिखित प्रश्नों के उत्तर हिन्दी में लिखिए :–
Answer the following questions in Hindi :

(i) पार्क कहाँ है?
(ii) पार्क में क्या है?
(iii) पार्क में चहल-पहल (रौनक) कब होती है?
(iv) पार्क में बच्चे क्या करते हैं?
(v) बहुत से वृद्ध लोग पार्क में क्या करते हैं?

2 रिक्त स्थान भरिए :—

Fill in the blank spaces :

(i) बच्चे झूलों पर झूटे लेकर बहुत..........होते हैं ।
(ii) माता-पिता अपने..........को पार्क में ले कर आते हैं ।
(iii) बच्चे..........झूलते हैं ।
(iv) कुछ बच्चे..........तथा..........खेलते हैं । माता-पिता आपस में..........करते हैं ।

3 Answer the following questions in English :
  (i) Where is the park ?
  (ii) What is in the park ?
  (iii) When are there more people in the park ?
  (iv) What do the children do in the park ?
  (v) What do the old people do in the park ?

10 विनोद और प्रमोद ब्लैकपूल गए

गर्मी की छुट्टियाँ थीं। विनोद और प्रमोद के मात-पिता जी को भी दो सप्ताह की छुट्टियाँ थीं। इन छुट्टियों में सारे परिवार ने ब्लैकपूल जाने का प्रोग्राम बनाया। ब्लैकपूल इंग्लैंड में समुद्र के किनारे पर एक बहुत सुन्दर नगर है। यहाँ बहुत सारे लोग छुट्टियों में आते हैं।

गत शनिवार वे अपनी कार में प्रातःकाल 7 बजे चल पड़े। उन्होंने अपने खाने के लिए पराठे, आलू-छोले और कुछ सैंडविच बनाए। पीने के लिए चाय बनाकर थरमोस बोतल में डाल ली।

रास्ते में वे एक कैफे पर ठहरे। यहाँ विनोद और प्रमोद ने आईसक्रीम लेकर खाई तथा उनके पिता जी ने एक-एक कॅप चाय पी। कैफे में दस-पन्द्रह मिनट ठहर कर वे ब्लैकपूल की ओर फिर चल पड़े।

उनको कावेंट्री से ब्लैकपूल पहुँचने के लिए चार घण्टे लगे। कार एक कारपार्क में खड़ी करके वे समुद्र की ओर चल पड़े। उन्होंने अपना खाने पीने का सामान भी साथ ले लिया।

दिन बहुत सुन्दर था। धूप निकली हुई थी। लोग अपने कपड़े उतार कर रेत पर लेटे हुए थे और धूप ताप रहे थे। विनोद और प्रमोद ने भी अपने कपड़े उतारे और पानी में जा घुसे। उनके माता-पिता आराम कुर्सियों पर धूप तापने लग पड़े।

उन्होंने एक बजे पराठे खाए और चाय पी । इसके पश्चात् वे कुछ समय के लिए समुद्र के किनारे इधर-उधर घूमे । फिर वे ब्लैकपूल का टावर देखने गए । टावर देखकर वे बहुत खुश हुए । अब सांयकाल के छः बज चुके थे और प्रत्येक थका-थका सा अनुभव कर रहा था । उन्होंने कुछ समय के लिए ब्लैकपूल नगर में घूमने का प्रोग्राम बनाया । कोई आधा घण्टा नगर में घूमने के पश्चात् वे एक कैफे में बैठ गए । मम्मी डैडी ने चाय पी और विनोद तथा प्रमोद ने कोका कोला पिया । सात बजे वे वापस चल पड़े और रात के ग्यारह बजे अपने नगर कावैंट्री पहुँच गए ।

अभ्यास (Exercise)

1 निम्नलिखित प्रश्नों के उत्तर हिन्दी में लिखिए :—
   Answer the following questions in Hindi :

   (i) स्कूल कितने सप्ताह के लिए बन्द थे ?
   (ii) ब्लैकपूल कहाँ है ?
   (iii) विनोद, प्रमोद और उनके माता-पिता ब्लैकपूल कब गये ?
   (iv) वे ब्लैकपूल अपने खाने के लिए क्या ले कर गये ?
   (v) रास्ते में वे कहाँ ठहरे ?
   (vi) ब्लैकपूल पहुँच कर उन्होंने कार कहाँ खड़ी की ?
   (vii) दिन किस तरह का था ?
   (viii) ब्लैकपूल में विनोद और प्रमोद ने क्या किया ?
   (ix) ब्लैकपूल नगर घूमने के पश्चात् वे कहाँ गये ?
   (x) वे ब्लैकपूल से वापिस अपने घर कब पहुँचे ?

2 रिक्त स्थान भरो :—
   Fill in the blank spaces :
   (i) गर्मी की..........थीं ।
   (ii) पीने के लिए चाय बना कर..........में डाल ली ।
   (iii) कैफे में दस पन्द्रह मिनट..........के वे ब्लैकपूल की ओर फिर चल पड़े ।
   (iv) लोग अपने..........खोल कर रेत में लेटे हुए थे ।
   (v) इनके माता-पिता आराम..........पर बैठकर धूप तापने लग पड़े ।

3 क्या आप भी कभी छुट्टियों में कहीं गये हो ? यदि गये हो तो इसके बारे में लिखो । यदि नहीं गये तो लिखो कि आप ने गत रविवार किस प्रकार व्यतीत किया ।

4 Answer the following questions in English :
   (i) For how many weeks was the school closed?
   (ii) Where is Blackpool?
   (iii) When did Vinod, Parmod and their parents go to Blackpool?
   (iv) What did they take with them to eat in Blackpool?
   (v) Where did they stay on their way to Blackpool?

(vi) Where did they park their car after reaching Blackpool?
(vii) What was the day like?
(viii) What did Vinod and Parmod do in Blackpool?
(ix) **Where did they go after roaming about in the city?**
(x) When did they arrive back home from Blackpool?

11 सप्ताह के दिन

राम : आज क्या दिन है ?
शाम : आज बुधवार है ।
राम : कल क्या दिन था ?
शाम : कल मंगलवार था ।
राम : कल क्या दिन होगा ?
शाम : कल बृहस्पतिवार (वीरवार) होगा ।
राम : परसों क्या दिन था ?
शाम : परसों सोमवार था ।
राम : परसों क्या दिन होगा ?
शाम : परसों शुक्रवार होगा ।
राम : शुक्रवार के पश्चात् क्या दिन होगा ?
शाम : शुक्रवार के पश्चात् (बाद) शनिवार होगा ।
राम : सोमवार से पहले कौन सा दिन आता है ?
शाम : सोमवार से पहले रविवार आता है ।
राम : आप को सप्ताह के कौन से दिन छुट्टी होती है ।
शाम : हमें शनिवार और रविवार छुट्टी होती है ।
राम : आप को सप्ताह के कौन से दिन अच्छे लगते हैं ?

JULY
1 2 3 4 5 6 7
8 9 10 11 12 13 14
15 16 17 18 19 20 21
22 23 24 25 26 27 28
29 30 31

शाम : मुझे शनिवार और रविवार अच्छे लगते हैं।
राम : क्यों ?
शाम : क्योंकि शनिवार और रविवार मुझे छुट्टी होती है। इसलिए खेलने के लिए काफ़ी समय मिल जाता है।

अभ्यास (Exercise)

1 अपनी कापी में लिखो :—
   Copy in your exercise book :—

   सोमवार, मंगलवार, बुधवार, बृहस्पतिवार, शुक्रवार, शनिवार, रविवार।

2 ऊपर लिखे सप्ताह के दिनों को अंग्रेज़ी में लिखो :—
   Write the above days of the week in English :—

3 निम्नलिखित प्रश्नों के उत्तर हिन्दी में लिखो।
   Answer the following questions in Hindi :—

   (i) आज क्या दिन (वार) है ?
   (ii) कल क्या दिन था ?
   (iii) कल क्या दिन होगा ?
   (iv) परसों क्या दिन था ?
   (v) परसों क्या दिन होगा ?
   (vi) सप्ताह में कितने दिन होते हैं ?
   (vii) आप को कौन कौन से दिन छुट्टी होती है ?
   (viii) आप को सप्ताह के कौन कौन से दिन अच्छे लगते हैं ?

4 रिक्त स्थान भरिए :—

Fill in the blank spaces :

(i) मंगलवार से पहले..........आता है ।
(ii) वीरवार के पश्चात्..........आता है ।
(iii) हम..........और..........स्कूल नहीं जाते ।
(iv) रविवार के..........सोमवार आता है ।
(v) शनिवार से..........शुक्रवार आता है ।

5 Answer the following questions in English :
   (i) What day is today?
   (ii) What day was it yesterday?
   (iii) What day will it be tomorrow?
   (iv) What day was the day before yesterday?
   (v) What day will it be the day after tomorrow?
   (vi) How many days are there in a week?
   (vii) Which days of the week are you on holiday?
   (viii) Which days of the week do you like most?

12 एक से सौ तक गिनती

Numbers from 1 to 100
(एक से सौ तक गिनती)

ek	एक	1	१
do	दो	2	२
tīn	तीन	3	३
chār	चार	4	४
pā̃ch	पांच	5	५
chhe	छः	6	६
sāt	सात	7	७
āṭh	आठ	8	८
nau	नौ	9	९
das	दस	10	१०
gyārah	ग्यारह	11	११
bārah	बारह	12	१२
terah	तेरह	13	१३
chaudah	चौहद	14	१४
pandrah	पन्द्रह	15	१५
solah	सौलह	16	१६
satrah	सत्रह	17	१७
aṭhārah	अठारह	18	१८

unnīs	उन्नीस	19	१९
bīs	बीस	20	२०
ikkīs	इक्कीस	21	२१
bāīs	बाईस	22	२२
teīs	तेईस	23	२३
chaubīs	चौबीस	24	२४
pachchīs	पच्चीस	25	२५
chhabbīs	छब्बीस	26	२६
satāīs	सताईस	27	२७
aṭhāīs	अठाईस	28	२८
unntīs	उन्नतीस	29	२९
tīs	तीस	30	३०
ikatīs	इकत्तीस	31	३१
batīs	बतीस	32	३२
tetīs	तैतीस	33	३३
chautīs	चौत्तीस	34	३४
paintīs	पैंत्तीस	35	३५
chhattīs	छतीस	36	३६
saintīs	सैंतीस	37	३७
aṭhtīs	अठतीस	38	३८
unntālīs	उन्तालीस	39	३९
chālīs	चालीस	40	४०

iktālīs	इकतालीस	41	४१
biālīs	बियालीस	42	४२
tirtālīs	तिरतालीस	43	४३
chautālīs	चौतालीस	44	४४
paintālīs	पैन्तालीस	45	४५
chyālīs	छयालीस	46	४६
saintālīs	सैन्तालीस	47	४७
aṭhtālīs	अठतालीस	48	४८
unchās	उन्चास	49	४९
pachās	पचास	50	५०
ikyāvan	इक्यावन	51	५१
bāvan	बावन	52	५२
tirpan	तिरपन	53	५३
chauvan	चौवन	54	५४
pachpan	पचपन	55	५५
chhappan	छप्पन	56	५६
satāvan	सतावन	57	४७
aṭhavan	अठावन	58	५८
unsaṭh	उनसठ	59	५९
sāṭh	साठ	60	६०
iksaṭh	इकसठ	61	६१
bāsaṭh	बासठ	62	६२

tirsaṭh	तिरसठ	63	६३
chausaṭh	चौसठ	64	६४
painsaṭh	पैंसठ	65	६५
chiāsaṭh	छिआसठ	66	६६
satasaṭh	सतासठ	67	६७
aṭhāsaṭh	अठासठ	68	६८
unhattar	अनहत्तर	69	६९
sattar	सत्तर	70	७०
ikhattar	इकहत्तर	71	७१
bahattar	बहत्तर	72	७२
trihattar	त्रिहत्तर	73	७३
chauhattar	चौहत्तर	74	७४
pachhattar	पचहत्तर	75	७५
chhihattar	छिहत्तर	76	७६
sathattar	सतहत्तर	77	७७
aṭhhattar	अठहत्तर	78	७८
unyāsī	उन्यासी	79	७९
assī	अस्सी	80	८०
ikyāsī	इक्यासी	81	८१
biyāsī	बियासी	82	८२
trīāsī	त्रियासी	83	८३
chaurāsī	चौरासी	84	८४

pachāsī	पचासी	85	८५
chhiāsī	छियासी	86	८६
satāsī	सतासी	87	८७
aṭṭhāsī	अट्ठासी	88	८८
annanabe	उन्नानबे	89	८९
nabbe	नब्बे	90	९०
ikyanabe	इक्यानबे	91	९१
bānabe	बानबे	92	९२
tiranabe	त्रियानबे	93	९३
chāuranabe	चौरानबे	94	९४
panchanabe	पंचानबे	95	९५
chhianabe	छियानबे	96	९६
sitanabe	सतानबे	97	९७
aṭhanabe	अठनाबे	98	९८
ninyanabe	निन्यानबे	99	९९
sau	सौ	100	१००

अभ्यास (Exercise)

1. अपनी आयु हिन्दी अंकों में लिखो ।
2. अपनी जन्म तिथि हिन्दी अंकों में लिखो ।
3. आज की तिथि हिन्दी अंकों में लिखो ।

4. अपने मित्र अथवा सहेली की जन्म तिथि हिन्दी अंकों में लिखो ।
5. अपने घर का न० हिन्दी अंकों में लिखो ।
6. अपना दूरभाष न० हिन्दी अंकों में लिखो ।
7. निम्नलिखित अंक हिन्दी में लिखो :—
   9, 15, 92, 55, 87, 128, 548, 673, 967, 1069.
8. एक से सौ तक के अंक हिन्दी में मौखिक याद कर के एक दूसरे को सुनाओ ।

1 आशा

Hindi	English
एक	one
लड़की	girl
है	is
का/की	of
बीच का	middle
नाम	name
खानदानी	family
इसका/उसकी/उसके	his/her
पूरा	full
आयु	age
छ:	six
वर्ष	year
में	in
पैदा हुई थी	was born
वह	he/she/it
अपने	his/her
माता	mother
पिता	father
साथ	with

रहती है/रहता है	lives
घर	house
पता	address
धर्म	religion
रहता हूँ/रहता है रहती हूँ/रहती है	live/lives

2 अशोक

Hindi	English
लड़का	boy
जन्म दिवस	birth day
जन्म तिथि	date of birth
बहिनें	sisters
से	from
छोटा	younger
बड़ा	elder
खेलना	to play
पसन्द करता है	likes
पढ़ता है	studies
होशियार (चतुर)	clever
और	and
परिश्रमी	hard working

अध्यापक	teacher
प्यार करते हैं	love
कोई	any body
लड़ाई	fight
झगडा नहीं करता	does not quarrel

3 मनोज और संगीता में बातचीत

Hindi	English
नमस्ते	Hindu greeting
आपका	your
मेरा	my
मैं	I
मुझे	I, to me
कहते हैं	called
कहाँ	where

4 जसपाल और मनजीत के बीच बात-चीत

Hindi	English
घड़ी	watch
प्रातःकाल	morning
आठ बजे हैं	It is eight o'clock

कितने	how many
बजे	o'clock
जाता है	goes
सवा आठ	quarter past eight
जाता/जाती हूँ	go
नाशता	breakfast.
पौने आठ	quarter to eight
खाते हो	eat
कब	when
लड़की	girl
सो कर उठते हो	get up
आप का	your
लगता है	start
हमारा	our
आठ बज कर चालीस मिनट	eight forty
जाने के लिए	to go
कितना	how much
लगता है	take
समय	time
केवल	only
बहुत दूर	quite far
इसलिए	therefore

बस में जाना पड़ता था	had to go by bus
पहुँचने तक	to reach
तक	to
आधा घण्टा	half an hour

5 चरणजीत का परिवार

Hindi	English
भाई	brother
बहन	sister
और	and
दोनों	both
से	from
बड़े हैं	older
पढ़ते हैं	read
जी	word used for respect
फैक्टरी	factory
काम करते हैं	work
भी प्यार करते हैं	also love
प्यार करती है	loves
दादी	grand mother
दादा	grand father

मौत	death
उन्हें	them
साथ	with
रहते हैं	live
दो	two
सारे	all
बच्चे	children
चाचे	uncles (father's younger brothers)
चाचियाँ	aunts (father's younger brothers' wives)
ताये	uncles (father's elder brothers)
ताईयाँ	aunts (father's elder brothers' wives)
भुआ	father's sister
फूफा	father's sister's husband

6 गुरप्रीत का घर

Hindi	English
नम्बर	number
नगर	city
का, के, की	of
मंज़िलें	storeys
ऊपर की	upper
ऊपर	on
तीन	three
कमरे	rooms
हैं	are
स्नानघर	bathroom
शावर	shower
ऊपर ही है	are also on
नीचे हैं	on the ground floor
रसोई	kitchen
खाने का कमरा	dinning room
पढ़ने का कमरा	reading room
निकट	near
मेज़	table
बड़ी	big
अलमारी	almirah
हरा रंग	green colour

सारे कमरों में	in all the rooms
कारपिट	carpet
दिवारें	walls
कुछ	some
सोने के कमरे	bedrooms
चारपाई	bed
कई अन्य वस्तुएँ	many other things
सीढ़िया	stairs
निकट	near
साथ	with
बड़ा/बड़ी	big
गैरिज	garage
खड़ी करते हैं	parks
आगे	front
छोटा	small
बगीचा	garden
पिछला	back/behind
दोनों	both
बगीचे	gardens
हरा	green
घास	grass
फूल	flowers
पौधे	plants

Hindi	English
रसोई	kitchen
कपड़े धोने की मशीन	washing machine
बर्तन धोने की मशीन	dish washer
दूर	far
दूसरे बहुत से	many others
वस्तुएँ	things
केन्द्र	centre
बहुत सारे	many
बहुत	very
नया	new

7 संगीता का स्कूल

Hindi	English
पढ़ती है	studies
यह/इस	this
ऊपर	on
से	from
निकट	near
को	to
पैदल जाती है	walks
सुन्दर	beautiful
कमरे	rooms

बड़ा	big
लगी हुई है	fitted
में	in
के लिए	for
इक्ट्ठे होते हैं	get together
भिन्न प्रकार की	many kinds
पुस्तकें	books
लेकर	take
पढ़ते हैं	read
बच्चे	children
खेलना	to play
पसन्द करते हैं	like
पन्द्रह	fifteen
अध्यापक	teacher

8 नीरजा का कुत्ता

Hindi	English
कुत्ता	dog
चित्र	picture
रंग	colour
काला	black

इसकी	its
चार	four
टांगें	legs
दो	two
आंखें	eyes
कान	ears
पूंछ	tail
साथ	with
प्यार	love
प्रतिदिन	every day
प्रातःकाल	in the morning
सायंकाल	evening
बाहर	outside
सैर	walk
लेकर जाती है	takes
सोता है	sleeps
छोटा सा	small
लकड़ी	wood
साफ करती है	cleans
रखवाली करता है	guards/looks after
जब भी	whenever
दूसरा आदमी	another man
आता है	comes

भौंकना	to bark
आरम्भ करना	to begin
चोर	thief
नहीं आने देता	does not allow to enter
भिन्न प्रकार	many types
खाना	food/to eat
देती है	gives
सबसे अधिक	most of all
पसन्द करता है	likes

9 देवेन्द्र पार्क में

Hindi	English
पास	near
बच्चे	children
खेलने के लिए	for play
झूले	swings
झूटे	swings
खुश (प्रसन्न)	happy
गर्मियां	summer
छुट्टियां	holidays
लोग	people
आपस में	among themselves

बातें करते हैं	talk
कुछ	some
वस्तुएँ	things
साथ	with
हरे	green
घास	grass
पिकनिक	picnic
वृद्ध	old
साथी	companions/friends
ताश खेलना	to play cards
शेष (दूसरे)	others
लेटना	lying

11 विनोद और प्रमोद ब्लैकपूल गए

Hindi	English
थे	were
छ:	six
सप्ताह	weeks
लिए	for
बन्द	closed
भी	also
ये	these

बनाया	made
सागर	sea
किनारे	bank
सुन्दर	beautiful
शहर	city
शनिवार	Saturday
लगभग सात	about seven
बजे	o'clock
परांठे	a type of Indian chapatti
आलू	potatoes
छोले	grains
रास्ते में	on the way
यहां	here
खाई	ate
समाप्ति पर	having stopped
पहुँचने के लिए	to reach
घंटे	hours
सामान	luggage
धूप	sun
कपड़े	clothes
रेत	sand
धूप सेक रही थी	sun bath

लेटे हुये थे	were lying
उतारे	took off
अन्दर गये	went into
आराम कुर्सियां	easy chairs
पिया	drank
कुछ देर के लिये	for some time
घूमे	roamed about
सांयकाल	evening
थका	tired
अनुभव करना	to feel
रात	night
ग्यारह	eleven
पहुंच गये	reached

11 सप्ताह के दिन

Hindi	English
आज	to-day
क्या	what
दिन	day
कल	yesterday
था	was

बुद्ध वार	Wednesday
होगा	will be
बृहस्पतिवार	Thursday
परसों	the day before yesterday
परसो	the day after tomorrow
सोमवार	Monday
शुक्रवार	Friday
बाद	after
कौन सा	which
शनिवार	Saturday
पहले	before
आता है	comes
क्यों	why
क्योंकि	because
इसलिए	therefore
खेलने के लिए	for play
पर्याप्त	enough
समय	time
मिल जाता है	gets